ÉTUDES ROMANES

DÉDIÉES

A

GASTON PARIS

LE 29 DÉCEMBRE 1890

(25ᵉ ANNIVERSAIRE DE SON DOCTORAT ÈS LETTRES)

PAR SES ÉLÈVES FRANÇAIS

ET SES

ÉLÈVES ÉTRANGERS DES PAYS DE LANGUE FRANÇAISE

EXTRAIT

PARIS

ÉMILE BOUILLON, LIBRAIRE-ÉDITEUR

67, RUE RICHELIEU, 67

1891

LE COMPAGNONNAGE

DANS

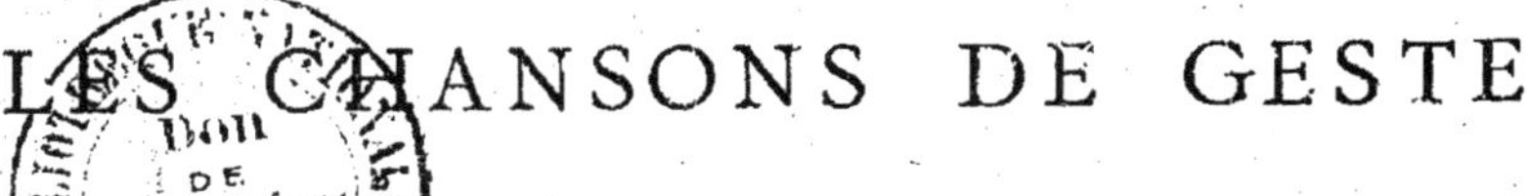

LES CHANSONS DE GESTE

PAR JACQUES FLACH

PREMIÈRE PARTIE. — INTRODUCTION.

CHAPITRE I. — COMPAGNONNAGE ET FÉODALITÉ.

Le compagnonnage est une institution célèbre. Tacite, en le décrivant dans sa *Germanie*, en a fait le point de mire des investigateurs de nos lointaines origines. Quel historien n'eût été frappé de la similitude profonde entre cette forme archaïque d'association et les types plus jeunes, plus complexes, plus brillants, qui se sont épanouis au moyen âge? Pouvait-on ne pas rapprocher le compagnon et le vassal, l'émancipation par les armes et l'adoubement du chevalier? Mais à la réflexion les objections jaillirent. La féodalité et la chevalerie n'étaient-elles pas des institutions distinctes, trop dissemblables pour dériver d'une même source? Et quelle source? Une organisation rudimentaire, barbare, séparée par sept siècles de l'établissement féodal, par neuf siècles de l'institution de la chevalerie. Si la féodalité est sortie du compagnonnage germain, pourquoi a-t-elle mis une si longue durée de temps à s'établir? La prépondérance de l'aristocratie à l'époque mérovingienne ne fut-elle pas aussi forte que sous les successeurs de Charlemagne; pourquoi donc le fief n'a-t-il pas apparu dès alors?

Montesquieu a donc été logique en reportant sous les Mérovingiens la première naissance de la féodalité. L'école allemande contemporaine, dont Roth fut l'initiateur, ne l'a pas été moins en soutenant que le compagnonnage privé s'était éclipsé, avait disparu sous les Mérovingiens; que les rois seuls, à ce moment, pouvaient s'entourer de compagnons, d'antrustions, mais qu'il y a eu, au IXe siècle, sur le modèle de l'antrustionnat, une résurrection du compagnonnage ancien d'où est sorti, à très brève échéance, le régime des fiefs.

S'il était vrai que le compagnonnage eût subi une transformation si spontanée et si complète, il n'y aurait qu'à opter entre l'opinion de Montesquieu et celle de Roth. Mais cela est-il vrai, et ne faut-il pas, au contraire, les rejeter toutes deux? Toutes deux se ramènent, en effet, à cet exposé fort simple. D'après Tacite, les Germains se choisissaient librement un chef auquel ils s'attachaient, auquel ils engageaient leurs services et leur dévouement, et duquel ils recevaient, en échange, des libéralités de toute nature, l'entretien, des armes, un cheval. Plus tard (dès le VIe siècle suivant Montesquieu, au IXe siècle suivant Roth), ces libéralités sont devenues des terres et elles ont été faites à charge de service : le fief était créé et le compagnonnage avait disparu. — Avait-il disparu ? En d'autres termes, la *relation personnelle* qui est sa caractéristique a-t-elle fait place presque subitement, dès que les conditions se trouvèrent favorables, à la *relation réelle*, foncière? Chartes et chansons de geste me paraissent démontrer le contraire. Elles me persuadent que, jusqu'au XIe et même au XIIe siècle, le lien personnel est resté un facteur essentiel de la société, que lui seul peut expliquer tout un côté, le plus important peut-être, de l'organisation féodale : l'hommage lige, la pairie, les rapports entre co-vassaux, la *foi*. Ce n'est que plus tard, à mesure que l'inféodation se multiplia et se compliqua, que le lien réel prit définitivement le dessus.

Je ne puis songer dans ce mémoire, offert à mon cher maître et ami Gaston Paris, à étudier la question dans son ensemble. Qu'il me suffise d'en avoir posé les termes. Mon but est de montrer, à l'aide des chansons de geste, le compagnonnage survivant à l'époque que l'on considère comme le triomphe de la féodalité, survivant avec ses formes et ses effets anciens, non pas comme une institution stérile et surannée, mais en pleine sève et en pleine vigueur, et, pour tout dire, comme un organe de vie du régime seigneurial.

Esquissons d'abord à grands traits, avec toute la précision possible, le premier terme du parallèle, le compagnonnage primitif.

CHAPITRE II. — LE COMPAGNONNAGE PRIMITIF.

§ I. — *Le comitat germain.*

Les historiens n'ont pas, en général, attribué à la remise des armes, chez les Germains, son vrai sens, sa pleine portée. Ils n'ont envisagé qu'une de ses faces, la cessation de l'étroite dépendance où l'enfant se trouvait au regard du père de famille, l'émancipation en un mot. L'autre face, la naissance de rapports nouveaux, de rapports de compagnonnage, entre le père et l'enfant, leur a presque entièrement échappé [1].

Il faut partir de ce fait historique que les Germains étaient des peuplades guerrières chez lesquelles l'organisation militaire déterminait, en la recouvrant, l'organisation sociale. Chaque chef de famille était un chef militaire, *faraman ;* quand il commandait à divers groupes unis par le sang, il devenait un chef de clan. « Non casus nec fortuita conglobatio turmam aut cuneum facit, sed *familiae et propinquitates* [2]. »

Quels étaient les guerriers que le chef de famille avait sous ses ordres ? Evidemment ses fils, ses petits-fils, ses collatéraux immédiats, sans doute aussi ses affranchis. L'autorité qui lui appartenait sur toutes ces personnes découlait de sa puissance paternelle. Mais, sauf pour les affranchis qui restaient dans un *mundium* plus étroit, elle ne pouvait être la même que la puissance sur des enfants, les esclaves et les femmes. Les parents valides étaient des compagnons de guerre, ils étaient forcément aussi des com-

---

1. Je me reproche à moi-même d'avoir laissé ce côté dans l'ombre dans mes *Origines de l'ancienne France*, t. I, p. 67.

2. Tacite, *Germania*, cap. 7.

pagnons de table. Partageant les périls, ils partageaient les joies, aidant à conquérir le butin, ils avaient leur part de profit.

Quand donc le chef de famille admettait un de ses fils au nombre de ses hommes, il changeait sa condition, il transformait l'autorité despotique qu'il avait sur lui en une autorité mitigée. C'était le *mundium* encore, mais un *mundium* affaibli.

Le père ne pouvait procéder seul à cette transformation. Il s'agissait en somme de faire entrer un jeune homme dans l'armée et de plus dans les assemblées de la nation, puisque tous les guerriers et les guerriers seuls les composaient. Il fallait donc, au préalable, que le jeune homme eût fait ses preuves, qu'il fût jugé par ses contribules apte à porter les armes. Voilà pourquoi la remise des armes par le père est un acte solennel fait en plein *mallum*. En élevant le fils au rang de compagnon de guerre et de table du père, elle en fait un membre de l'armée et de l'état. Néanmoins elle le laisse toujours placé sous l'autorité du chef de famille considéré comme chef militaire.

Un tel chef s'est-il signalé par sa bravoure, a-t-il acquis un abondant butin à la guerre, dispose-t-il de grandes ressources, est-il investi enfin de fonctions électives, ce n'est plus seulement parmi ses descendants divers ou ses collatéraux les plus rapprochés qu'il recrute ses guerriers. Il s'adjoint, au moment où ils sont jugés propres à la guerre, des jeunes hommes choisis dans sa parenté étendue (*propinquitas*) ou dans d'autres familles illustres[1]. C'est lui qui se substitue au père. La remise des armes, c'est lui qui l'accomplit et, ce faisant, il opère une véritable adoption, il acquiert le même *mundium* que le père aurait eu. L'adoption par les armes était très répandue chez les Germains, même après qu'ils furent établis en Italie et en Gaule[2]. Cassiodore nous en a conservé la formule[3].

---

1. « Vel principum aliquis vel pater vel propinqui scuto frameaque juvenem ornant » (Tacite, *Germania*, cap. 13).

2. Voyez les textes cités par Du Cange dans sa XXIIe dissertation sur Joinville. « Des adoptions d'honneur en fils. »

3. « Et ideo more gentium, et conditione virili, filium te praesenti munere procreamus et competenter per arma nascaris filius, qui bellicosus esse dignosce-

A côté de ces jeunes recrues se présentent des guerriers déjà éprouvés. Ils veulent s'attacher à un autre chef que leur chef de famille, — que celui-ci soit mort ou qu'il les ait autorisés à le quitter. Pour eux, il ne peut plus être question de l'acte solennel de remise des armes, accompli depuis longtemps, mais ils entrent dans le *mundium*, dans la famille du chef, en plaçant leurs mains jointes dans les siennes et en lui promettant par serment l'affection et le dévouement qu'un fils doit à son père, exactement comme devait le faire le jeune homme qui était adopté par les armes [1], comme nous verrons aussi se lier par un serment réciproque ceux qui contractent une fraternité fictive.

Tous les guerriers ainsi groupés constituent donc une même famille. Ils forment une *maison*, ils marchent derrière la même enseigne, effigie grossière de quelque bête sauvage fixée au bout d'une perche [2], ornée parfois d'une banderolle (*fano, gundfano, bandva*); ils sont nourris, équipés, entretenus par le chef; ils sont ses enfants (*Degen*) [3], il est leur ancien, l'*ealdor pegna*, le *senior puerorum* [4]. Le serment de fidélité qu'ils prêtent isolément, en les plaçant sous le *mundium* du même chef de famille, crée déjà entre eux le lien de fraternité. Ils fortifient ce lieu et le resserrent, aux yeux de tous, quand, dans des occasions graves ou périlleuses, ils renouvellent leur serment d'un commun accord, en entrechoquant leurs armes [5].

ris. Damus quidem tibi equos, enses, clypeos et reliqua instrumenta bello-rum... »

1. Etre adopté c'est, suivant l'expression significative de l'Epitome de St Gall, « *ad alium patrem se commendare* » (Haenel, Lex Romana Wisigoth., p. 321, col. 6).

2. Tacite, *Germania*, cap. 7 : « Effigiesque et signa quaedam detracta lucis in proelium ferunt. » *Hist*. IV, cap. 22 : « Depromptae silvis lucisque ferarum imagines, ut cuique genti inire proelium mos est. »

3. Dans Heliand et dans Beovulf, cités par Schröder, *Lehrbuch der deutschen Rechtsgeschichte*, 1889, p. 26, note 42.

4. Beovulf, v. 1645.

5. C'est le *vapnatak*. Au XIᵉ siècle encore, chez les Anglo-Saxons et les Normands, le *vapnatak* engendre une fraternité, il fait des *fratres conjurati* de tous les sujets d'un même roi. (Voyez les textes cités par Ducange dans sa XXIᵉ dissertation sur Joinville, à la suite du Glossaire, t. VII, p. 82, col. 2.)

Là ne se bornent pas les liens qui peuvent s'établir soit entre le chef et les compagnons, soit entre les compagnons eux-mêmes. Tacite nous dit expressément qu'il y a des degrés, *gradus*, dans le compagnonnage [1], que les compagnons peuvent être plus ou moins rapprochés du chef, donc plus ou moins étroitement liés à lui, plus ou moins ses égaux. Les Saga du Nord, avec lesquels concordent sur ce point les traditions de presque tous les peuples anciens, nous fournissent une illustration précieuse de ce passage de l'écrivain latin. Précieuse, elle l'est d'autant plus que nous retrouvons dans nos chansons de geste les traits essentiels de l'institution qui nous est décrite par les Saga.

§ II. — *La fraternité scandinave.*

Quand deux ou plusieurs hommes, quelquefois un grand nombre, voulaient s'unir avec force, mettre en commun leur existence présente et leur destinée future, leurs biens et leurs maux, leurs gains et leurs pertes, s'assurer l'assistance pendant la vie, la vengeance après la mort, ils recouraient à des rites symboliques qui créaient entre eux une fraternité fictive.

Voici en quels termes ces rites sont décrits dans la *Gisla Saga* [2] :

« Ils coupent dans la terre une bande de gazon de telle manière que les deux extrémités restent fortement attachées à la terre et ils la lèvent sur une lance dont un homme puisse avec la main atteindre le fer. Les quatre hommes se placent sous la bande de gazon, ils font couler simultanément leur sang dans la terre entr'ouverte et mélangent sang et terre. Après quoi ils tombent à genoux, promettent par serment que chacun vengera l'autre comme son frère, et en prennent tous les dieux à témoin. »

Ces rites se ramènent, comme M. Pappenheim l'a remarqué,

---

1. *Germania*, cap. 13 : « Gradus quin etiam ipse comitatus habet judicio ejus quem sectantur ; magnaque et comitum aemulatio, quibus primus apud principem suum locus. »

2. Le texte est reproduit par Pappenheim, *Die altdänischen Schutzgilden* (Breslau, 1885), p. 21-22.

à trois actes successifs : 1° le passage sous la voûte de gazon (*ganga undir jardarmen*) ; 2° le mélange dans la terre du sang répandu en commun ; 3° un serment, sous l'invocation des dieux, de se venger mutuellement en frères. Tous trois concourent à créer une fiction de parenté. La terre est la mère commune [1] ; se réunir dans son sein [2] et y confondre son sang [3] c'est devenir frères, — c'est même devenir jumeaux, — prendre les dieux à témoin qu'on exercera le premier devoir de la fraternité, la vengeance, c'est mettre le sceau à l'alliance contractée.

La fiction ne se borne pas à imiter la réalité, elle la dépasse. Les devoirs sont plus stricts, l'union est plus étroite, en principe elle est indissoluble.

Comme dans les familles primitives, les *frères par le sang* ont tout en commun. Il s'établit entre eux une communauté universelle de biens présents et futurs, un *félag* [4]. — Je cite une saga : « Là se rendirent Porir et les neuf frères nourriciers, et tous se jurèrent une fraternité de sang. Chacun devait venger l'autre ; ils devaient avoir en commun bien acquis et bien à acquérir, sitôt qu'ils l'auraient acquis et conquis [5]. » — Ils se doivent une fidélité, un dévouement qui, en cas de conflit, l'emporte souvent

---

1. Tacite, *Germania*, cap. 40.

2. Remarquez, en effet, que la bande de gazon doit continuer à faire corps avec la terre. Cela est dit tout aussi expressément dans une autre saga.— J'adopte l'interprétation donnée de cet acte par M. Pappenheim. Elle me paraît de beaucoup la plus plausible.

3. Ce symbole est clair. Nous le retrouvons plus expressif encore chez d'autres peuples. On ne se contente pas de mêler le sang extérieurement, on le boit. Ducange en a réuni de nombreux exemples dans sa XXIe Dissertation sur Joinville. Michelet en ajoute d'autres dans ses *Origines du droit français*, p. 197 suiv.

4. Pappenheim, *op. cit.*, p. 41, 46, 84. — Le mot *félag* se survit dans le mot anglais *fellow*. D'après Skeat il est formé de *fé*, propriété, et de *lag* = *law*, il signifie donc ou propriété légale ou droit dans la propriété (voyez W. W. Skeat, *An Etymological Dictionary of the English Language* (Oxford, 1882), v° *Fellow*, v° *Law*). Ainsi le terme qui est devenu technique pour désigner le fief se retrouve dans la qualification primitive de la communauté née du compagnonnage. Cela mérite attention.

5. Gull-Poris Saga. Texte dans Pappenheim, p. 46.

sur l'assistance due aux vrais parents par le sang. Enfin, ils sont associés dans la mort, comme ils le sont dans la vie. Le compagnon-frère ne doit pas survivre à son compagnon, ils doivent mourir ensemble, comme ensemble ils ont vécu [1].

Ce n'est qu'avec l'adoucissement des mœurs primitives que ce dernier devoir se restreignit. Il en subsiste dans les légendes poétiques l'obligation d'ensevelir le frère mort avec une partie de ses richesses, et de rester assis auprès de son corps dans le tombeau l'espace de trois nuits [2].

La *fraternité par le sang* se juxtapose à la famille naturelle, elle ne la supplante pas.

L'obligation des frères-compagnons de poursuivre la vengeance, leur droit de réclamer la composition légale ne s'exercent qu'à défaut d'un parent plus rapproché, un père ou un fils [3]. Communs en biens, ils n'héritent pas nécessairement pour cela les uns des autres [4]. Quand l'un d'eux vient à mourir, sa part dans la communauté revient à ses héritiers les plus proches, parents réels ou fictifs.

Si je retourne à Tacite, tout me porte à croire que le premier des degrés qu'il mentionne correspondait à la fraternité que je viens de décrire, que le chef avait des compagnons dont il faisait ses pairs, ses égaux, ses frères. Il ne se dessaisissait pas de toute autorité sur eux, mais la subordination était d'autant moins

---

1. Saxo Grammaticus, *Hist. Dan.*, p. 243, 244 (éd. Müller et Velschow, cité par Pappenheim, p. 43, note 1) : « Convictu paulisper habito ad confirmandum inter se amicitiae cultum omnibus conjurare votis, quemcumque eorum vita prolixior excepisset, mortuo contumulandum fore. Tantus enim societatis eorum atque amicitiae vigor extabat, ut neuter, altero fatis absumpto, lucem prorogare statueret. » — Rapprochez de ce passage Tacite, *Germania*, cap. 14 : « Jam vero infame in omnem vitam ac probrosum superstitem principi suo ex acie recessisse... » et César parlant des *devoti*, *soldurii*, gaulois : « Quorum haec est condicio, uti omnibus in vita commodis una cum iis fruantur, quorum se amicitiae dediderint, si quid his per vim accidat, *aut eundem casum una ferant, aut sibi mortem consciscant.* » *(De bello Gall.*, III, 22.)

2. Cf. Pappenheim, p. 42-43.

3. Voyez le texte cité par Pappenheim, p. 86-87.

4. Cf. Pappenheim, p. 84.

rigoureuse, que la fidélité réciproque l'était davantage, les devoirs réciproques plus étendus.

Je résume et je conclus. Le compagnonnage primitif repose tout entier sur la parenté naturelle ou sur une parenté fictive qui a ses degrés comme la première, qui est, comme elle, collatérale ou directe. C'est la famille naturelle qui est le noyau, le centre autour duquel les compagnons se groupent pour participer à ses avantages et à ses charges.

Chapitre III. — LE COMPAGNONNAGE SOUS LES ROIS FRANCS.

Le compagnonnage s'est certainement maintenu à l'époque mérovingienne. La recommandation gallo-romaine n'était pas de nature à l'éliminer, elle ne pouvait que s'y fondre en le renforçant. Ne procédait-elle pas elle-même, en partie au moins, d'un compagnonnage identique, de la clientèle gauloise[1] ? Sans doute les rois mérovingiens s'évertuèrent à faire tourner à leur profit les forces que le compagnonnage pouvait fournir. Ils n'eurent pas seulement leurs *antrustions*, qui étaient les véritables compagnons étroitement liés, les *frères* fictifs, ils voulurent de plus que tous leurs sujets fussent considérés comme des compagnons ordinaires, des fidèles, et astreints au serment. Cela n'a rien d'anormal : le pouvoir du roi n'était, en effet, qu'une extension, un prolongement du *mundium* familial[2]. Mais le serment de fidélité, ainsi exigé de tous les sujets, ne faisait nul obstacle à ce qu'ils fussent engagés dans des liens plus étroits avec d'autres personnes, placés sous le *mundium*, dans le compagnonnage d'un autre chef, pas plus qu'il ne faisait disparaître l'autorité du chef de famille sur les siens[3]. N'est-ce pas précisément le

---

1. Voyez, sur cette clientèle et ses divers degrés, mes *Origines de l'ancienne France*, t. I, p. 55 suiv.

2. Je l'ai montré dans *Origines de l'ancienne France*, I, p. 79 suiv.

3. Roth a fait de vains efforts pour écarter les textes invoqués par Pardessus en faveur de l'existence du compagnonnage à l'époque mérovingienne. Mon savant ami M. Viollet l'estime comme moi (*Hist. des institutions politiques*, I, p. 422,

compagnonnage privé qui a fait la force de l'aristocratie mérovingienne, qui lui a permis de réduire la royauté à l'impuissance ?

Dans la première période de la dynastie carolingienne, nul ne conteste plus l'existence du compagnonnage. Nous le retrouvons avec ses traits originaux. Le chef est un véritable chef de famille ou de clan, un ancien, un *senior*, auquel affection, dévouement et assistance, d'un mot la *fides*, sont dus, les compagnons sont les membres d'une même famille, des *pairs*, des égaux, qui se doivent protection, aide et conseil [1]. Mais ne fut-ce là qu'une apparition éphémère ? Le compagnonnage s'est-il évanoui devant le régime féodal, comme une vapeur légère au lever du soleil ? J'arrive ainsi à la question soulevée au début de ce mémoire.

DEUXIÈME PARTIE

CHAPITRE Ier. — LES ÉLÉMENTS CONSTITUTIFS DE LA PUISSANCE SEIGNEURIALE EN DEHORS DU FIEF.

Je veux rechercher, dans cette seconde partie, si le lien personnel, le lien familial, dont je viens de retracer l'histoire, cessa d'être la base principale des relations politiques, s'il fit place dès le ixe siècle au lien fondé sur la concession d'une terre, concession par laquelle le seigneur se serait acquitté de ses obligations et dont le retrait toujours possible aurait retenu le fidèle dans le devoir.

Ailleurs déjà je crois avoir fourni la preuve du rôle immense

---

note 2). Ecarter ces textes n'aurait pas même suffi. Il eût fallu prouver que le compagnonnage est inconciliable avec les autres documents de l'époque. Cette preuve n'a pas été tentée, par l'excellente raison qu'elle ne pouvait aboutir.

1. Voyez les textes que j'ai cités, *Origines de l'ancienne France*, p. 231, et aussi les pages 224 et suiv. du bon livre de M. Emile Bourgeois, *Le Capitulaire de Kiersy-sur-Oise* (1885).

que, contrairement à l'opinion commune, le lien personnel a joué dans la constitution de la justice, aux xe et xie siècles[1]. Interrogeons les chansons de geste pour apprendre si un rôle analogue n'a pas continué à lui appartenir, à la même époque, dans l'ensemble des relations sociales.

CHAPITRE II. — LE LIEN PERSONNEL. — LA PARENTÉ.

Le seigneur féodal, quand il est puissant, a des vassaux militaires nombreux qui détiennent des terres concédées par lui, des fiefs, de même qu'il a des sujets de toute catégorie qui lui doivent des redevances et des services de corps, à raison de l'occupation du sol. Mais ces diverses classes de personnes, si elles sont ses *hommes*, tenus à des services définis, sont aussi ses *fidèles*, c'est-à-dire des membres, à des titres divers, de sa *familia*, de sa famille étendue, placés dans sa *foi*. Tous ils lui doivent un serment de fidélité qui les lie *personnellement* à lui. Quand dans nos chansons de geste un seigneur prend possession d'un domaine, il reçoit le serment de fidélité de tous les hommes qui l'habitent ou en dépendent, tenanciers, bourgeois ou chevaliers :

> « Si li ont fait homaige et féauté
> Cil dou païs volentiers et de gré :
> Et haut et bas devindrent si privé. »[2]

Ce n'est pas tout. Si l'on veut éprouver la véritable nature des rapports féodaux, il faut se demander ce qui fait, aux xe et xie siècles, la force, la puissance du seigneur féodal. Seraient-ce les fiefs qu'il a concédés ? Nullement. C'est avant tout sa parenté. C'est dans elle, dans le *parage*, dans une parenté nombreuse, robuste et vaillante, qu'elle réside. Le fief n'offrait ni au seigneur ni au vassal sécurité suffisante. Le premier pouvait être aban-

---

1. *Origines de l'ancienne France*, Livre II, chap. 7-13.
2. *Girard de Viane*, éd. Tarbé, p. 43.

donné de tous ses vassaux [1], sous prétexte d'un service excessif [2], le second dépossédé de son vivant ou à sa mort par un abus de pouvoir du seigneur [3].

Des rapports plus fixes et plus stables étaient produits par la parenté. Une solidarité étroite d'intérêt et d'honneur unit tous les membres d'une même famille. Dans Ogier le Danois, la nombreuse parenté d'Ogier s'interpose entre Charlemagne et lui [4]. Dans la chanson de Roland, tous les parents de Ganelon prennent sa défense et trente d'entre eux partagent sa mort quand Pinabel est vaincu. Dans *Girard de Viane*, nous assistons à la prise d'armes de tout un vaste lignage pour venger l'honneur d'un des siens :

« Quant ensamble iert la riche parentés,
X L. M. seront tuit adoubé. »

(*Gir. de Viane*, p. 105 [5].)

Je multiplierais les preuves si chacun ne savait que c'est l'histoire des familles, des *gestes*, et non l'histoire des seigneuries que chantent nos trouvères.

1. Les exemples en sont nombreux. J'en cite un :
« Karles estoit à Aiz plains de duel et de rage,
Quar tuit li sont failli et privé et sauvage ;
Mandez avoit ses homes...
XIIII rois poissanz dont avoit seignorage :
Chascuns l'ot desfié et rendu son homage. »
(*Chanson des Saisnes*, I, p. 64).

2. « Poi aime son seignor...
Qui par fause achoison de lui servir se part. »
(*Ibid.*, I, p. 33).

3. Tel est le point de départ de plusieurs de nos chansons de Geste, Raoul de Cambrai, Aiol, etc. Voyez aussi les offres faites à Guillaume d'Orange et qu'il repousse. (*Charroi de Nîmes*, éd. Jonckbloet, p. 81 suiv.)

4. *Chevalerie Ogier*, éd. Barrois, v. 9530 suiv., 9560 suiv.. 9586, 9590 suiv., 9680, etc.

5. Cf. *Chanson des Saisnes*, II, p. 49-50 :
« Se je et mes lignages et mes granz parentez
Estoient avec moi. et cil c'ont amenez,
Plus de. L. M. seriens d'adobez. »

CHAPITRE III. — LE COMPAGNONNAGE NATUREL.

Le seigneur féodal reste, nous l'avons vu, un chef de famille ou de clan [1]. Il a comme alliés naturels, comme « *charnels amis* [2] », les autres seigneurs de sa parenté, il a sous son autorité directe non seulement ses fils, mais des collatéraux, frères ou neveux ou parents plus éloignés. Cette autorité, il la doit parfois à sa seule valeur personnelle, à son courage, à son audace, à sa force musculaire. Guillaume d'Orange s'impose comme chef à ses frères, quoiqu'il ne soit pas l'aîné et que leur père vive encore : « Par mon chef, dit-il, fussiez-vous cent chevaliers, tous fils d'Aimeri, je serai partout votre chef : c'est moi qui vous guiderai et qui vous donnerai châteaux et villes et riches fiefs [3]. »

Il se forme ainsi au sein de la famille des groupes naturels que nous pouvons comparer au compagnonnage primitif des Germains. Les quatre fils Aymon en sont le type parfait. Ils se soutiennent, ils s'appartiennent à la vie et à la mort :

> « Ançois somes tuit frère, près nos apertenon,
> . . . . .mult nos entr'amion. »
> (*Ren. de Montauban*, p. 179-180, éd. Michelant.)

Quand l'un d'eux est blessé, en apparence mortellement, par Girard de Valcormont, celui-ci s'écrie :

1. Orderic Vital, pour tracer le portrait d'un puissant seigneur, s'exprime ainsi : « Hic nimirum in saeculo miles fuerat magnae sublimitatis, hostibus terribilis et amicis fidelis. *Filios et fratres multosque nepotes in armis potentes habuit, hostibusque vicinis seu longe positis valde feroces.* » (*Hist. eccles.*, liv. III, cap. 2, éd. Le Prevost, t. II, p. 15.)

2. *Ren. de Montauban*, p. 367, et *passim*.

3. *Premières armes de Guillaume* (Jonckbloet, *Guillaume d'Orange*, t. III, p. 30). — Orderic Vital nous apprend de même que Guillaume, le second fils de Giroie, fut le chef de ses six frères : « Willermus in ordine nativitatis secundus diu vixit, omnique vita sua cunctis fratribus suis imperavit » (*Histoire ecclesiast.*, liv. III, éd. Le Prevost, t. II, p. 26).

« Or sont *descompaignié* li IIII fil Aymon. »
(*Ren. de Montauban*, p. 189, v. 14.)

Ils reconnaissent l'un d'entre eux pour chef. Ce n'est pas l'aîné, Alart, c'est Renaud, le plus brave. Il devient leur seigneur, leur sire :

« Vos estes nostre sire et nostre confanon. »
(p. 180, v. 2.)

« Tant com Renaus vivra, tant gariromes nos,
Mais puisqu'il sera mors, jà n'en eschaperon. »
(p. 184, v. 28-29.)

Ils s'offrent à mourir pour lui :

« N'ert mie grant damage, se nos III i moron,
Et vos en ires, sire, broçant a esporon. »
(p. 193, v. 29-30.)

Mais le dévouement, la foi, est réciproque. Renaud répond :

« U nos i garrons tuit, u nos tuit i morron.
Jà nus ne faudra l'autre, tant comme nos vivons. »
(p. 194, v. 4-5.)

CHAPITRE IV. — LA MAISNIE.

Les parents, groupés autour d'un chef, forment le noyau d'un compagnonnage bien plus étendu, dont l'importance ne me semble pas avoir été mise en suffisant relief par les historiens, la *maisnie*, la maison du seigneur, son corps d'élite, le centre de résistance de son armée, son meilleur conseil, son entourage de chaque jour. La *maisnie* se complète, en dehors de la famille, par les fils des vassaux ou des alliés les plus fidèles. Ils sont nourris, élevés, instruits au métier des armes, avec les fils, les neveux, les autres parents. Arrivés à l'âge d'homme ils sont, comme eux, armés chevaliers par le seigneur.

Comment ne pas reconnaître ici l'ancienne adoption germanique, l'entrée dans la famille, l'entrée dans le compagnonnage ?

Il naît, en effet, une sorte de parenté entre le *nourri* et le seigneur qui l'a élevé, entre l'*adoubé* et le seigneur qui lui a donné les armes [1]. Elever un enfant c'est prendre la place du père [2], l'armer chevalier c'est se porter garant, pour la vie, de sa bravoure et de son aptitude à manier la lance et à diriger un cheval.

Il n'est plus d'autorité publique pour juger de cette aptitude : le seigneur nourricier d'ordinaire en décide. Au nouvel adoubé à se montrer digne de la confiance mise en lui, capable de se servir de l'armement qu'il a reçu : il lance son cheval au galop, il frappe la quintaine, ou, si l'on est devant l'ennemi, il provoque un adversaire. L'approbation publique suit, elle ne précède plus :

> « Dist l'uns a l'autre : « Ci a boin chevalier [3] ! »

Nourriture et *adoubement* engendrent ainsi une affection et une fidélité toutes familiales :

> « Si seront à ma cort ses II enfans nourri ;
> Chevaliers les ferai, si seront mi ami. »
>> (*Renaus de Montauban*, p. 383, v. 13-14.)
>
> « Chevalier les fera, seront de sa maisnie. »
>> (*Ibid.*, p. 384, v. 7.)

1. Ceci n'a pas échappé à Lacurne de Sainte-Palaye. « Je crois avoir entrevu, dit-il, que ceux qui avoient conféré la chevalerie étoient regardés comme autant de *pères de famille*; les conseillers ou assistants comme les parrains des nouveaux chevaliers et ceux-ci comme les *enfants d'un même père* » (*Mémoires sur l'ancienne chevalerie*, 3ᵉ partie, p. 226, Paris, 1759).

2. M. Sumner Maine a fort bien montré pour l'Irlande comment le *fosterage* y produisait une parenté fictive entre l'enfant et le père nourricier (*Institutions primitives*, p. 298). — Dans les *Saga*, les frères nourriciers furent assimilés aux frères jurés par le sang (*svarabrôdir*) et finirent même par leur donner leur nom (*fôstbrôdir*). Cf. Pappenheim, *op. cit.*, p. 36, note 3.

3. *Girard de Viane*, p. 22. De même *Raoul de Cambrai* :
> « Dient François : « Ci a molt bel enfant ! »
>> (v. 515, éd. Meyer et Longnon.)
> « Dist l'uns a l'autre : « Cis est molt bel armez ; »
>> (v. 591.)

Les *nourris* reviennent sans cesse dans nos chansons. C'est sur eux
que le seigneur compte avant tout et toujours :

« Sa mesnie apela où mielz se pot fier. »
(*Ren. de Montauban*, p. 356, v. 30.)

« O lui troi cent de chevaliers hardis
Nés de sa terre que il avoit norris »
(*Garin le Loherain*, éd. Paulin Paris, I, p. 38.)

« En courant vienent cil que il ot norris,
Lor droit seignor ne volent pas guerpir. »
(*Ibid.*, p. 39.)

« C'est du côté de Girart que se trouvaient les plus hardis :
C'était sa mesnie, ceux qu'il avait nourris. »
(*Girard de Roussillon*, tr. Paul Meyer, § 320, p. 159.)

« Quel deuil pour les mesnies de Charles et de Girart, qui
s'étaient engagées par serment à combattre jusqu'à la mort. »
(*Ibid.*, § 390, p. 191.)

« A sa maisnie comença à tenchier :
« Malvaise gent, dist Turpin li guerrier,
Norris vos ai et tenu forment cier :
Par saint Remi ! mult l'ai mal emploié ! »
(*Chevalerie Ogier*, éd. Barrois, v. 9320 suiv.)

« ...se conbat à petit de maisnié,
N'avoit od lui que cinq cens chevaliers ;
Cil sont si home, ne l'oserent laissier. »
(*Ibid.*, v. 5375 suiv.)

L'affection, ici aussi, est réciproque. Si la dernière pensée de
Roland est pour son seigneur qui l'a nourri :

« De plusurs choses à remembrer li prist :
De dulce France, des humes de sun lign,
De Carlemagne, sun seignur, ki l'nurrit. »
(*Chanson de Roland*, éd. Gauthier, v. 2377 suiv.)

Charlemagne, à son tour, voudrait ne pas survivre à sa maisnie :

> « Si grant doel ai que ne vuldreie vivre,
> De ma maisniée ki pur mei est ocise. »
>
> (*Chanson de Roland*, v. 2936-2937.)

Des libéralités incessantes entretiennent, avivent le dévouement de la maisnie. Etre libéral est la maîtresse vertu du seigneur féodal :

> « Donez l'or et l'argent et le vair et le gris,
> Qar doner est la rien qi plus monte à haut pris. »
>
> (*Ch. des Saisnes*, éd. Fr. Michel, I, p. 86.)

Le seigneur nourrit sa maisnie, il l'équipe, lui distribue armes, vêtements et fourrures, palefrois et destriers, or et argent [1]. Ce n'est souvent qu'après de très longs services que le fidèle de la maisnie est pourvu d'un fief. Guillaume d'Orange a vieilli au service de l'empereur Louis, comme son compagnon le plus dévoué :

> « Tant t'ai servi que j'ai chenu le chief. »
>
> (*Charroi de Nîmes*, éd. Jonckbloet, v. 254.)

lui dit-il, et Louis le reconnaît :

> « Gardé m'avez et servi par amor
> Plus que nus hcms qui soit dedenz ma cort. »
>
> (*Ibid.*, v. 307-308)

Pourtant il n'a obtenu encore nulle concession de teire. Il le reproche à Louis :

> « De cel servise ne vos membre-il prou,
> Quant vos sanz moi des terres fètes don. »
>
> (*Ibid.*, v. 202-203.)

---

1. Voyez, par exemple, *Ch. des Saisnes*, II, p. 37. Ogier, v. 10601, suiv., v. 10615. *Aiol*, p. 108. *Couronn. Louis*, p. 103, et le passage d'*Aspremont* cité *infrà*, p. 160.

L'empereur lui répond qu'il est loin d'être le seul :

> « Encor ai-ge LX de vos pers
> A qui ge n'ai né promis né doné. »
>   (*Charroi de Nîmes*, v. 281-282.)

Pour prendre part aux largesses en servant un seigneur généreux et puissant, pour obtenir, en guise de récompense finale, des terres, se présentent sans cesse des recrues nouvelles. Le seigneur lui-même en sollicite et en attire quand il a besoin d'hommes ; il leur offre deniers et chevaux :

> « Tuit cil qui servent as povres seignorez
> Viegnent a mei : ge lor dorrai assez,
> Or et argent et deniers moneez,
> Destriers d'Espaigne et granz muls sejornez. »
>   (*Cour. Louis*, éd. Langloîs, p. 103.)

Il leur offre surtout de les armer chevaliers [1], et défend même à ses vassaux de lui faire concurrence en cela :

> « Ne se penst jà nus hons itel pensée
> Que chevalier i face en sa contrée ;
> Veigne à la cort quant ele iert asenblée
> Chascuns aura et cheval et espée
> Et bon haubert et ventaille fermée
> Et bonne robe de soie gironnée ;
> Se il tant fait qu'il viengne à l'asenblée
> Chevaliers iert tantost, se lui agrée. »
>   (*Aspremont*, éd. Gauthier et Guessard, p. 3, v. 19 suiv.)

Les nouveaux venus commencent par faire hommage. C'est l'ancien *mundium* qui vit toujours, c'est la primitive recommandation qui les fait entrer dans la famille, dans la maison du sei-

---

1.   « Et ki armes vora, je l'en donrai asses. »
                   (*Ren. de Montauban*, p. 138, v. 25.)
        « S'o moi s'en vienent...
        ... si seront adoubé. »
                   (*Charroi de Nîmes*, v. 652, 657.)

gneur. Remarquez, en effet, qu'il n'y a pas ombre de concession de fief. Girard de Viane et son frère Renier arrivent à la cour de Charlemagne. Ils veulent s'engager à son service :

> « Vos servirons volentiers bonemant,
> I an ou II. ferons vostre commant,
> Et s'il vous plait III. ou IIII. en avant,
> Por conquester onor et garnemant. »
>
> *(Girard de Viane, p. 19.)*

Charlemagne, sur le conseil de Gautier l'Alemant, consent à les retenir auprès de lui, et aussitôt ils lui font hommage :

> « Et dist li Rois : « Or viegnent donc avant,
>   Et deviegnent mi home ! »
> Li damoisel firent molt à prisier :
> Devant le Roi se vont enjenoilier
> Font li homaige voiant maint chevalier. »
>
> *(Ibid., p. 20.)*

L'adoubement suit pour l'un, est ajourné pour l'autre :

> . Premierement adouberai Rainier :
> Et de Girars ferai mon escuier,
> Armes aura, s'il me sert volentiers. »
> Chemise et braies on aporte à Rainier, etc. »
>
> *(Ibid., p. 21.)*

Quelquefois l'inverse se produit. Un fils de roi, au moment où il a été adoubé, demande à un vassal éprouvé de son père d'entrer dans sa maisnie. Tel Louis s'adressant au duc Naismes :

> « De ma maisnie soiés, je vous em pri. »
>
> *(Ogier, v. 7325.)*

Il y a donc dans la maisnie des classes, des catégories nombreuses de personnes. Il y a des degrés comme dans le comitat ancien. Au premier rang les parents les plus proches et les compagnons les plus fidèles, puis les *nourris*, les adoubés, les serviteurs qui attendent l'aboubement. Suivant leur importance sociale,

ils sont hommes de haut parage, chevaliers, bacheliers, damoiseaux, écuyers. La rémunération varie à proportion du rang[1] :

> « Les dras de soie de paile Alexandrin,
> Les bons henas et les copes d'or fin,
> Les biax ostors, les faucons montardin,
> Tel avoir done Karles li fix Pepin
> *As gentis homes qui sunt de riche lin.*
> Les palefroiz, les chevax, les deniers,
> Ce done Karle as *poures chevaliers ;*
> Le vair, le gris et les corans destriers,
> Les sors faucons, les muez esperviers,
> Ce done Karle as *bacheliers legiers,*
> *As damoisiaus, as vilains sodoiers.* »
>
> (*Ch. d'Aspremont*, p. 2, v. 71 suiv.)

Le maisnie s'étend même, on le voit, jusqu'aux *soudoyers*,
jusqu'aux mercenaires, troupes souvent nombreuses que les
seigneurs féodaux entretenaient et qu'ils faisaient venir de pays
étrangers[2] :

> « Si mandes par la vile les vallans chevaliers
> Et des estranges tieres mandes les sodoiers. »
>
> (*Ren. de Montauban*, p. 141, v. 6-7.)

Cette circonstance ne doit pas trop surprendre, car chevaliers
et damoiseaux s'engageaient, eux aussi, comme soudoyers :

« Fouque s'est renforcé de mille chevaliers, et Fouchier de
quatre cents damoiseaux légers, pris les uns et les autres comme
soudoyers. »

> (*Gir. de Roussillon*, § 127, p. 69.)

1. Comme chez les Germains, c'est souvent le partage du butin : « Girart et
les siens prennent le butin. Il en donna à ses hommes autant qu'il le devait,
de telle sorte que depuis lors aucun d'eux ne lui manqua au moment critique. »
(*Gir. de Roussillon*, § 91, p. 44.) « Seigneurs je vous ai toujours nourris. Je vous
ai enrichis de tout mon bien. Vous avez pris pour moi maint palais dont je
vous ai distribué les richesses. » (*Ibid.*, p. 159-160.)

2. « Girart a une mesnie bonne et nombreuse de soudoyers bavarois et alle-
mands. » (*Girard de Roussillon*, trad. P. Meyer, § 470, p. 219-220.)

Et, de plus, les soudoyers étaient liés par un serment de fidélité :

> « Li saudoier Aiol l'ont esgardé
> Cui il avoit l'avoir abandoné,
> Et dist li uns à l'autre : ....
> « Et ja li somes nous sor sains juré
> Que ja ne li faurons en notre aé. »
>
> (*Aiol*, éd. Normand et Raynaud, p. 129-130.)

Quand Auberi le Bourgoing s'offre comme soudoyer au comte de Flandre Baudoin, il se déclare prêt à devenir son homme, à se recommander à lui :

> « Or sui venus ci a vos por garant
> Je et mes nies serons en vo comant. »
>
> (*Auberi*, éd. Tobler, p. 23, v. 31-32.)

A vrai dire, la solde, plus ou moins déguisée, se retrouve à chaque pas. Elle est plus fréquente que la concession de terre, elle la remplace ou s'y joint ; parfois elle lui est préférée.

Telle que je l'ai décrite et même abstraction faite des mercenaires proprement dits, la maisnie pouvait comprendre des milliers d'hommes :

> « Je verrai la mesnie qu'aura Fouchier : il peut, dit-il, mener contre moi mille chevaliers, et sa terre n'a pas mille pas. »
>
> (*Girard de Roussillon*, trad. P. Meyer, § 127, p. 68.)

> « Vous me devez servir en France a .IIII. rois,
> Chascun doit de mainie .M. chevaliers avoir. »
>
> (*Ren. de Montauban*, p. 262.)

C'étaient des combattants toujours prêts à marcher, qu'il n'était pas besoin de semondre au loin par brefs et messagers [1],

---

1. « Ne la grant guerre ne m'estoit or mandée;
Ne n'ai o moi fors mesnie privée ! »
(*Auberi le Bourgoing*, éd. Tarbé, p. 9.)
« Charles se rendait à Roussillon avec sa mesnie privée. Il n'avait pas convoqué son ost, et pourtant sa chevauchée n'était pas si petite. » (*Gir. de Roussillon*, § 448, p. 210.)

dont le service ne se restreignait pas à quarante jours ou deux mois comme pour beaucoup de vassaux. — C'étaient, en outre, des conseillers toujours présents. — Le seigneur tenait avec les plus importants d'entre eux, « les meilleurs de ses hommes [1], » son conseil et ses plaids ordinaires. Dans les affaires seulement d'une gravité extrême ou à certaines époques déterminées de l'année, à Pâques ou à la Pentecôte [2], ce conseil s'accroissait, en cour plénière ou proclamée, des vassaux résidant sur les fiefs. — C'étaient des servants de tout ordre, sénéchaux, échansons, porte-mets : Rainier, quoique chevalier et *conseiller de la chambre* de Charlemagne, et son frère Girard de Viane s'acquittent de pareils offices [3]. — Ils maintenaient l'ordre dans le palais. Charlemagne s'adresse en ces termes à sa maisnie :

> « Prenés le moi (un délinquant), ma mainie privée.
> Sé vos ne l'faites, vos fois avés faussée !
> Mar s'en ira par nule trestornée,
>   Qui ma cort a honie ! »
>
> *(Girard de Viane*, p. 63.)

Ils publiaient les ordres du seigneur :

> « Par sa maisnie a fait un ban huchier. »
>
> *(Cour. Louis*, p. 70, v. 1503.)

Ils étaient enfin ses compagnons de chasse, de chevauchée, de plaisir :

> « Girart gorge son faucon ; autour de lui un millier d'hommes de sa mesnie, vêtus de hoquetons bordés d'orfroie et de jupons de soie vermeille. »
>
> *(Girard de Rouss.*, § 48.) [4]

Entre eux, ils se devaient une assistance et une affection fraternelles :

---

1. *Girard de Roussillon*, § 259, § 261, § 265, etc.
2. *Ibid.*, § 231, § 35.
3. *Girard de Viane*, p. 25.
4. Adde, *ibid.*, § 268, etc.

« Damoiseaux de ma mesnie, aimez-vous mutuellement. »
                    (Girard de Rouss., § 307.)

Le terme ancien de compagnon [1] s'est conservé.

« Bien sont d'une maisnie jusqu'à. M. compaignon. »
                    (Ch. des Saisnes, I, p. 141.)

« Ses veront mes maisnies et mes compainges. »
                    (Aiol, p. 189, v. 6504.)

Il a seulement, par l'usage, perdu de sa rigueur. Il est remplacé souvent par les mots équivalents ou plus vagues de pair [2], privé, dru [3], ami *juré et plevi*, accidentellement [4] par un terme déformé (*abbaich*) paraissant venir du mot *ambactus* dont César se sert pour désigner les clients et les compagnons gaulois.

La maisnie est loin d'être la seule forme de compagnonnage qui subsiste vivace à côté du fief Il en est de plus larges, il en est de plus étroites, de plus éphémères et de plus durables.

CHAPITRE V. — LE COMPAGNONNAGE D'AVENTURE.

Un guerrier audacieux qui veut entreprendre une expédition, une conquête, groupe autour de lui des milliers de compagnons qui lui engagent leur foi et leurs services. Ainsi fait Guillaume d'Orange quand il veut conquérir l'Espagne que l'empereur Louis lui a donnée en fief. La scène est pleine de mouvement et de vie [5].

« Seur une table est Guillaumes montez,
A sa voiz clère commença à crier :

1. Cf. *Lex Salica*, LXIII (Cod. 6 et 5, édit. Hessels) : « Si quis in hoste in conpanio de conpagenses suos hominem occiderit... in triplo conponat. » Cod. 10 : « Si quis hominem ingenuum qui lege salica vivit in hoste, in conpanio, de companiei suorum occiderit... in triplo conponat. »
2. D'où l'expression fréquente : « pair et compagnon. »
3. A rapprocher de *trustis*.
4. *Girard de Roussillon*, p. 138.
5. *Charroi de Nîmes*, v. 636 suiv.

« Entendez-moi de France li barnez...
Ce vueil-ge dire as poures bachelers,
As escuiers qui ont dras dépanez,
S'o moi s'en vienent Espaigne conquester
Et le païs m'aident à aquiter...
Tant lor dorrai deniers et argent cler,
Chasteaus et marches, donjons et fermetez,
Destriers d'Espaigne, si seront adoubé. »

Trente mille hommes répondent à cet appel :

« Quant cil l'oirent si sont joiant et lié,
A haute voiz commencent à huichier :
« Sire Guillaume, por Deu ne vos targiez !
Qui n'a cheval o vos ira a pié. »
Qui donc véist les poures escuiers,
Ensenble o els les poures chevaliers !
Vont à Guillaume le marchis au vis fier,
En petit d'eure en ot trente milliers,
A lor pooirs d'armes apareilliez,
Qui tuit en ont juré et afichié
Ne li faudront por les membres tranchier. »

D'autres fois c'est la bravoure dont un chevalier a fait preuve,
le renom dont il jouit, qui le fait reconnaître spontanément
comme chef par de nombreux compagnons. Auberi le Bourgoing
trouve à la cour de Baudoin de Flandre cent chevaliers français
qui vont à lui et lui demandent à devenir ses hommes. Comme
il allègue qu'il est pauvre et n'a rien à leur donner, ils répondent :

« Ne prendons pas garde à la poureté,
Mais au grant sens et a la grant bonté,
A la prouece et a la loiauté,
S'estes haus home et de grant parenté...
Recheves nos en droite loiauté,
Et nos serons vostre home et vo(i) juré
Ne vos faurons por home qui soit né(s). »

Auberi consent. Le serment est prêté :

> « Auberis a si saiiement parlé
> Qu'il li ont tuit et plevi et juré,
> Ne li faudront ; ensi l'ont creanté. »
>
> (*Chanson d'Auberi*, éd. Tobler, p. 27-28.)

Dans Macaire, le bûcheron Varocher, armé chevalier pour ses exploits, voit accourir mille compagnons prêts à le servir en lui engageant leur foi :

> « Tel mil d'entre eus qui vuelent gaaingnier
> En sa compaigne vont à lui s'ajoster
> Et si li jurent l'aideront sans fauser.
> Et Varochers les a pris volentiers.
> Dist Varochers : « Ne le vos quier celer,
> Cil qui venront o moi à guerroier
> Ja del gaaing ne lor quier un denier ;
> Mais vos estuet estre vaillant et fier,
> Que en tel lieu vos vorrai je mener
> Où troverons tante arme et tant destrier
> Et tant avoir, que d'or que d'argent cler,
> Plus en aurés n'en saurés demander. »
>
> (*Macaire*, éd. Guessard, v. 2541, suiv.)

CHAPITRE VI. — LA FRATERNITÉ FICTIVE.

Les liens créés par la parenté, par la *maisnie*, par le compagnonnage que j'ai appelé « d'aventure » se renforcent, soit entre chef et compagnon, soit entre compagnons d'un même chef, par des pactes d'une énergie croissante. Les mêmes pactes font naître des rapports individuels d'une rare étroitesse entre des hommes jusque-là étrangers l'un à l'autre. C'est la fraternité fictive par le sang qui survit, comme a survécu le comitatus dans son ensemble.

§ I. — *Formes et stipulations.*

Dans le Roman de Lancelot du Lac, trois chevaliers se font saigner ensemble et mêlent leur sang pour contracter une fraternité[1]. Ce rite n'était plus que l'exception. Avec la douceur plus grande des mœurs et sous l'influence du christianisme, le serment s'était presque seul conservé.

La description la plus complète de la cérémonie nous est fournie, je crois, par la chanson de Girard de Viane. Il s'agit du compagnonnage fameux de Roland et d'Olivier, qui se trouvaient, au moment où ils le contractèrent, dans deux camps ennemis. Ils parlent à tour de rôle. Chacun énumère les engagements qu'il prend, en les plaçant sous l'invocation divine :

« Rollant parlat au corage aduré :
— Sire Olivier, ja ne vos iert celé,
Je vos plevis la moie loialté
Que plus vos aim que home qui soit né,
Fors Karlemain li fort Roi coroné.
Puisque Deus veut que soions acordé,
Jamais n'arai ne chastel, ne cité,
Ne bosc, ne ville, ne tor, ne fermeté,
Que n'i partiez, *foi que je doi à Dé !*
Aude panrai, sé il vos vient en gré ;
Et sé je puis, ains IIII. jors passé,
Aurez au Roi et pais et amisté.
Et s'il ne l'fait tot à ma volanté,
Qu'il ne le voille otroier ne graer,
O vos irai léans en la cité,
Ne li faut guerre en trestot son aé. »
Olivier l'ot ; si l'en a mercié.
Andous ses mains en tent vers Dame Dé,
— *Glorious Sire, vos soiés aoré !*

1. Lacurne de Sainte-Palaye, *Mémoires sur l'ancienne chevalerie*, 3e partie, p. 227.

> *Que vers cest home m'avés hué acordé.*
> Sire Rollant, ne vos soit pas celé,
> *Je vos aim plus que home qui soit né.*
> Ma suer vos doing volantiers et de gré
> Par tel covant, com je vos ai conté
> Que vers Karlon soiens bien acordé. »
>   (*Girard de Viane,* éd. Tarbé, p. 155.)

Ces engagements, principaux et accessoires, sont ratifiés solennellement par une accolade et un serment :

> « Tot maintenant ont lor chief desarmé ;
> Si s'entrebaisent par bone volenté ;
> Puis sont assis sur la verde erbe ou pré [1].
> Lors fois plevissent en bone volenté,
> Et compaignie en trestot lor aé. »
>   (*Ibid.,* p. 155-156.)

Si Roland et Olivier n'eussent été en rase campagne, ils auraient prêté leur serment sur des reliques ou sur les livres saints. Dans Aiol, le roi Louis propose au héros de la chanson deux compagnons [2] :

> « Or serés compaignon, vous et Jobert,
> Ylaires ert li tiers de saint Lambert :
> L'autre jor m' en proierent a Saint-Marcel. »
>   (*Aiol,* v. 4512 suiv.)

Le pacte est ainsi conclu :

> « Si se sont compaignié devant le roi ; »

---

1. Même attitude d'Ami et d'Amile :
>   « Or sont li conte andui assiz sor l'erbe
>   Il s'entrafient compaingnie nouvelle. »
>   (*Amis et Amiles,* éd. Hofmann, v. 199-200.)
N'y aurait-il pas quelque vague et lointaine réminiscence de la bande de gazon soulevée du sol ? Je n'ose insister.

2. Les récents éditeurs de *Aiol* les ont pris à tort pour des écuyers (*Introd.,* p. vii). Chacun des compagnons avait son écuyer. (*Aiol,* v. 4685-4686.)

« Sor sainz se sont juré, plevi par foi,
Que l'uns ne faura l'autre por riens qui soit. »
(*Aiol*, v. 4519 suiv.)

Dans la chanson de Daurel et Beton, le serment est prêté sur l'Evangile :

« So respont lo duc Boves : « Lo sagramènt farom »
Fai aportar .j. libre on lhi evangeli son,
Juran si companhia, ihi bauzo sus el mento. »
(*Daurel et Beton*, éd. P. Meyer, v. 26 suiv.)

§ II. — Effets quant à la personne.

D'une façon générale, les effets du pacte de compagnonnage, conclu comme nous venons de le voir, sont les mêmes que produisait la fraternité scandinave. En premier lieu, une affection, une assistance, un dévouement jusqu'à la mort.

Berron et Ogier sont compagnons. La conséquence en est clairement déduite :

« Conpains estoit Ogier le conbatant,
Par foi plévie, par itel convenant
Ne se falront dusqu'as menbres perdant. »
(*Ogier*, v. 5422 suiv.)

Berron dit à Ogier :

« Ne vus faurrai por morir à viltage »
(*Ibid.*, v. 4990.)

Ce dévouement, cette affection peuvent s'accroître encore; le compagnon peut devenir plus complètement un *frère*. Au fort de l'effroyable mêlée de Roncevaux, Roland voit son compagnon Olivier frapper de si merveilleux coups qu'il resserre les liens qui les attachent, qu'il l'adopte en frère

« Ço dist Rollanz : *Or vus receif jo frère.* »
(*Ch. de Roland*, v. 1376.)

Dorénavant c'est le nom qu'il lui donne ou qu'il ajoute à son titre de compagnon :

« Oliviers frère » (v. 1395).
« Olivier, cumpainz, frère » (v. 1456).

Dorénavant telle est la solidarité entre eux que l'un ne pourra plus survivre à l'autre :

« Ensemble od vus ci murrai, cumpainz frère. »
(laisse CLXIII.)
« Quant tu ies morz, dulur est que jo vif. »
(v. 2030.)

La foi des compagnons est naturellement exclusive :

« Je vos aim plus que home qui soit né »
(*Girard de Viane*, p. 155.)

répètent Olivier et Roland. Roland excepte, il est vrai, son seigneur Charlemagne, mais il ajoute qu'il l'abandonnera pour suivre Olivier s'il ne consent pas à faire la paix. Aucun des compagnons ne devait s'engager dans le lien d'un compagnonnage nouveau sans le consentement de l'autre. Dans la Chanson d'Amis et Amiles, le traître Hardré propose sa *compagnie* à Amile :

« Compaing serons, sire, se l'otroiez. »
(v. 596.)

Amile répond :

« ...de folie plaidiez.
Mon compaingnon le plevi je l'autrier
Qu'a compaingnie n'aurai home soz ciel. »
(v. 597 suiv.)

En réalité, Ami lui avait seulement fait promettre de ne pas prendre Hardré pour compagnon :

« Mais une chose voz voil je bien monstrer,
Que ne preingniez compaingnie a Hardre »
(v. 561-562.)

Une règle analogue s'appliquait au mariage. Je montrerai ailleurs les rapports étroits qui existent entre le compagnonnage et l'union conjugale. Je puis me borner à remarquer ici que le lien créé par l'un était de nature à nuire à l'autre. Le compagnon avait donc besoin du consentement de son compagnon pour se marier. Quand le pseudo-Amile doit épouser Bellissant, la fille de Charlemagne, un chevalier énonce ainsi les termes du serment de fiançailles de Bellissant :

« Vos jurrerez...
Que vos panrez Amile le baron
Au loement d'Ami son conpaignon
Ne antr'euls douz ne meterez tanson. »

(v. 1831 suiv.)

Par contre, le compagnon assure à son compagnon le concours, l'assistance de ses parents. Berron dit à Ogier qu'il lui amènera de ce chef vingt mille hommes :

« Conpains, ne vos cremés :
Od vos irai et *mes grans parentés*,
A vingt milliers seromes bien nonbrés;
Ne vos falroie, que je sui vos jurés. »

(*Ogier*, v. 4931 suiv.)

Le frère de Berron doit, à ses côtés, soutenir Ogier [1]. Et, en effet, ils meurent ensemble en le défendant [2]. C'est un acte de *loyauté* [3].

Un pacte entre deux personnes devient ainsi le point de départ d'une vaste association.

Du reste, le devoir d'assistance mutuelle entraînait l'obligation de ne pas s'exposer à la légère et sans un accord préalable. Ainsi le compagnon ne pouvait accepter un combat singulier sans l'autorisation de son compagnon. Celui-ci avait le droit, s'il lui plaisait, de prendre sa place. Renaud de Montauban, ayant provoqué Roland, reçoit de lui cette réponse :

1. Voyez Ogier, v. 5460 suiv.
2. *Ibid.*, v. 5650 suiv.
3. *Ibid.*, v. 5711-5712.

> « G'irai à Olivier *le congié demander,*
> Car il est mes compains plevis et afiés.
> *Ne puis prendre bataille vers home qui soit nés,*
> *Que li quens ne la face, se il li vient à gré.* »
>
> (*Ren. de Montauban*, p. 237, v. 4 suiv.)

Et Roland lui-même interpelle Olivier :

> « Dites, sire Oliviers, se por nos la feres,
> U mon cors u le vostre i covendra aler ? »
>
> (*Ibid.*, v. 22-23.)

§ III. — *Violation de la foi.*

En règle, la compagnie était nouée pour l'existence entière :

> « Lors fois plevissent...
> Et compaignie en trestot lor aé. »
>
> (*Girard de Viane*, p. 155-156.)

Pour la faire cesser plus tôt, une rupture de foi, un *défi*, était nécessaire. Nos chansons nous en présentent divers exemples.

Garnier, fils de Doon, et le duc Bérenger sont devenus compagnons à la cour de Charlemagne :

> « Et furent compaignon entre lui et Garnier. »
> (*Aye d'Avignon*, éd. Guessard et P. Meyer, v. 24.)

Leur compagnie avait duré quatre ans sans trouble. Mais Charlemagne donne à Garnier la main d'Aye d'Avignon déjà promise à Bérenger. Aussitôt Bérenger met son compagnon en demeure de renoncer à ce mariage sous peine de rupture de leur association et sous menace de mort.

> « Nel pensés, fet il, ja, sire compains Garniers,
> Que vous prenez la fame ne la terre bailliez
> *Car hui departiront les nostres amistiez.*
> Ja ne vivrez o li demi an ne entier
> Que je ne vos en fiere de m'espée ens el chief. »
>
> (*Aye*, v. 112 suiv.)

C'est un *défi* conditionnel, dans le sens primitif du mot.
Garnier répond par une mise en demeure contradictoire : ·

> « Vos estez mes compains passé IIII ans entier ;
> Je vous semons as noces qu'o moi venez mengier. »
>
> (*Aye*, v. 125-126.)

La foi est rompue, la compagnie a pris fin.

Dans Garin le Loherain, les deux fils d'Hervis, Garin et
Bègue de Belin, sont présentés à la cour de Pépin par leur oncle
et tuteur Henri, évêque de Châlons, lequel demande à Pépin
de les retenir auprès de lui. Pépin prend le conseil d'Hardré, et
Hardré, en même temps qu'il approuve, décide que les deux
jeunes gens deviendront compagnons de ses deux fils, Fromont
et Guillaume de Monclin.

> « Compains seront à ambedeux mes fils »

Le poète ajoute :

> « Compains Guillaume fu Begons li petis,
> Fromons ses freres refu compains Garin. »
> (*Garin le Loherain*, éd. P. Paris, I, p. 63.)

Les mêmes jeunes hommes sont appelés plus loin *compagnons
jurés* :

> « Li dux Garins est el palais montés :
> Joste-lui Begues, de qui il fut amés,
> Fromons, Guillaumes, leur compaignon juré. »
> (I, p. 80.)

Voici en quelles circonstances cette compagnie fut rompue.
La conduite d'une expédition contre les Sarrazins avait été confiée
par Pépin à Garin le Loherain, et l'enseigne de Saint-Denis
remise à la garde des quatre compagnons. Une fois en présence
de l'ennemi, Fromont et son frère Guillaume sont détournés
par leur oncle Bernard de Naisil de prendre part à l'attaque.
Garin le leur reproche comme une violation du pacte de
compagnonnage :

« Mes compains estes et pleivis et jurés.
Vos sairement, vos fiance acquitez,
Et el non Dieu avec moi en venez. »
(Garin le Loherain I, p. 102.)

Et comme ils persistent dans leur défection, Garin dénonce à son tour le pacte en déclarant à Fromont qu'il ne lui donnera pas sa part du butin qu'il conquerra :

« Se je conquiers avoir, jà ni penrez. »
(I, p. 103.)

part qui sans cela, nous le verrons, eût été de moitié.

Il semble résulter de là que l'inexécution des clauses du contrat en entraîne de plein droit la résolution. L'un des compagnons a rompu la foi, l'autre est dégagé. C'est ce que dit clairement aussi Garin en s'adressant plus tard à Fromont :

« Sire Fromons de Bordelle la grant,
Compaignons d'armes avons esté lons tens,
Amé vous ai de fin cuer léaument;
Bien me montrastes à l'encommencement :
Puis en l'estour où j'entrai fierement
Vous me guerpites et li votre parant. »
(*Ibid.*, I, p. 124.)

§ IV. — *Effets quant aux biens.*

Les effets du compagnonnage quant aux biens ne se sont pas conservés moins intacts que ses effets sur la personne. Comme chez les Scandinaves, une communauté universelle naît entre les compagnons. Le pacte conclu entre Roland et Olivier le stipule expressément[1], mais c'est surtout dans la chanson de Daurel et Beton que ce point est mis en pleine lumière.

Le duc Beuve d'Antone est un puissant et riche seigneur, « un riche duc de Fransa; » son vassal le comte Gui ne possède pour tout bien qu'un castel, le castel d'Aspremont.

---

1. Voyez *suprà*, p. 166.

> « Cel que non na vila ne valor
> Mas que sol hun castel c'um apela Aspremont. »
>
> (*Daurel et Beton*, éd. P. Meyer, v. 9-10.)

Malgré cette inégalité de fortune et de condition, le duc Beuve propose à Gui de former un pacte de compagnonnage, et voici sur quelles bases :

> « Lo meu alue vos solvi, e aujo lolh baro,
> Et seret vos en gaun segner de ma mayzo.
> Jurat mi companhia a totz jorns que vivo ab nos.
> Mas s'ieu prengui molher e nom venh enfanto,
> S'ieu mori denan vos, companh, ieu la vos do,
> Mos castels e mas vilas, ma tera e maio
> Vos solvi, bels companh, eus meti a bando [1]. »
>
> (*Ibid*, v. 15 suiv.)

Le comte Gui accepte ; il stipule à son tour :

> « Et jeu pren lo, si vos plas, ab aital gaserdo
> Guidaray vostras ostz em metray a bando
> Pertot on vos volres e lai on vos er bo. »
>
> (v. 23 suiv.)

La conjuration est faite ensuite dans le palais, devant une nombreuse assistance de barons :

> « Ad Antona el palais si c'o viro .V^c. »
>
> (v. 32.)

Il ressort des stipulations de ce pacte que, du vivant des deux compagnons, leurs droits sont égaux sur les biens l'un de l'autre, quoique les apports soient inégaux. Le duc Beuve déclare que Gui sera le seigneur de sa maison (*chef de mez, caput mansi*, comme le disent de l'*aîné parager* anciennes coutumes et cartu-

---

1. Je traduis : « Je vous cède mon alleu, que les barons l'entendent — Et vous serez seigneur de ma maison — Jurez-moi compagnie pour tous les jours de notre vie.— Si je prends femme dont je n'aie pas d'enfant —Et que je meure avant vous, compagnon, ma femme je vous la donne — Mes castels, mes villas, ma terre et ma maison — Je vous les cède, je vous les abandonne, beau compagnon. »

laires), le seigneur de son alleu. Le comte Gui, à défaut d'autres biens que le castel d'Aspremont, promet des services exceptionnels ; il se chargera de la direction de l'ost. Cette ost devient *commune* comme les biens. L'accord, dit le poète, dura dix ans pendant lesquels ils mêlèrent, ils confondirent leurs terres et leur ost :

« E mesclero lor teras e lor ost assimen [1]. »

(v. 35.)

Que deviendra cette communauté à la mort de l'un des compagnons ? Sera-t-elle partagée également entre le survivant et les héritiers du mort, ou bien reprendra-t-on de part et d'autre la propriété des biens mis en commun ? En d'autres termes, est-ce la pleine propriété ou le simple usufruit qui sont entrés dans la communauté ? Celle-ci est-elle vraiment une communauté de tous biens, ou seulement une communauté d'acquêts ?

Remarquez d'abord le règlement fait par le duc Beuve pour le cas où il viendrait à se marier et à mourir sans enfants. Son compagnon doit avoir et la veuve et les biens. C'est l'application de la règle ancienne [2] que le compagnon n'exclut pas un parent plus proche, mais qu'il succède à son rang comme frère. Il peut avoir ainsi l'intégralité de la fortune et alors la question soulevée ne se pose pas. Elle se pose au contraire quand il y a un héritier plus proche. Or il ne semble pas douteux qu'en pareil cas la communauté se partage également entre l'héritier et le compagnon. Cela résulte déjà de l'identité des termes dont se sert le duc Beuve pour la mise en communauté et pour le règlement de sa succession :

« Lo meu alue *vos solvi*
S'ieu mori denan vos...
Mos castels et mas vilas, ma tera e maio
Vos solvi... »

1. On retrouve la même expression dans Beaumanoir : « puisque li mueble de l'un et de l'autre sont mellé ensanlle. » *Coutumes de Beauvoisis*, éd. Beugnot, I, p. 305.

2. Voyez *suprà*, p. 148.

Cela résulte surtout des évènements postérieurs. Le duc Beuve se marie : il a un fils. Puis il est indignement trahi par son compagnon, il est assassiné par lui. Celui-ci convoitait la femme de Beuve et ses grandes richesses. Frappé à mort, le duc Beuve le supplie de ne pas faire de mal à son fils, de ne le tuer ni le déposséder, et de se contenter de la moitié de ses biens :

« De tot cant a la meitat vulh aiatz. »

(v. 417.)

Comme cet entretien se passait sans témoins, il est impossible d'y chercher un acte de dernière disposition. Il faut donc admettre que la moitié était acquise de droit au compagnon : c'était le résultat du partage égal de la communauté.

CHAPITRE VII. — LE COMPAGNONNAGE PARFAIT.
CONCLUSION.

Je voudrais montrer encore le compagnonnage porté à sa suprême puissance, en analysant le type le plus complet dans lequel il s'est incarné, le type d'Ami et Amile [1].

Ami et Amile ne sont pas parents, mais ils sont prédestinés à l'être fictivement. C'est par la volonté divine qu'ils le seront. De même que l'homme ne choisit pas ses parents naturels, de même ici le compagnon ne choisit pas son compagnon :

« Huimais orrez de II bons compaingnons,
Ce est d'Amile et d'Amis le baron...
Ansoiz qu'Amiles et Amis fussent ne,
Si ot uns angres de par deu devise
La compaingnie par moult grant loiaute. »

(v. 11 suiv.)

Ils sont plus que des frères fictifs, ils sont des jumeaux fictifs, et par la coïncidence exacte de leur naissance et de leur baptême,

---

1. *Amis et Amiles*, éd. Konrad Hofmann (Erlangen, 1882).

et par leur ressemblance si parfaite qu'il est impossible de les distinguer, même les voyant côte à côte.

> « En une nuit furent il engendre »
>   (v. 22).

> « Et en un jor furent ne li baron »
>   (v. 14).

> « Et en un jor baptizie et leve »
>   (v. 23).

> « ·Il s'entresamblent de venir de l'aler
> Et de la bouche et dou vis et dou nes, etc. »
>   (v. 39-40).

> « Tant s'entresamblent de vis et de menton
> Dou contenir del nes de la raison,
> Que les douz contes ne desseverroit hom,
> Qui est Amiles ne Amis li baron. »
>   (v. 3103-3106.)

Le père d'Ami est seigneur de Clermont en Auvergne ; le père d'Amile réside en Berry, à Bourges. C'est à grande distance que les deux enfants sont ainsi élévés ; mais, dès qu'ils arrivent à l'âge d'être armés chevaliers, ils éprouvent un besoin irrésistible de se rejoindre. Ami part et se rend à Bourges, mais Amile est parti de son côté pour chercher Ami. Ils parcourent, en quête l'un de l'autre, l'Italie et la France, et ce n'est qu'après une pérégrination de sept ans qu'ils finissent par se rencontrer.

Aussitôt se conclut, se noue, ou plutôt se consacre et se renouvelle la *compagnie* à laquelle ils étaient prédestinés. Ils échangent leur foi, ils se lient à jamais :

> « Il s'entrafient compaingnie nouvelle. »
>   (v. 200.)

Voici les deux jeunes gens à la cour de Charlemagne. Ils y ont fait des actions d'éclat, ils se sont concilié l'affection de l'empereur et ses bonnes grâces. Par là ils ont excité la jalousie du traître légendaire Hardré, de la lignée de Ganelon. Hardré veut les séparer et en même temps les attirer à lui pour mieux les perdre. Il offre une somme d'argent considérable, mille onces, à l'un d'eux, à Amile, et il fait épouser sa sœur Lubias à Ami, qui devient ainsi seigneur de Blaive.

Au moment où les deux amis doivent se quitter, nous voyons le compagnon intervenir dans tous les actes de la vie de son compagnon, le conseiller, le guider, lui dicter sa conduite.

Ami fait promettre à Amile qu'il ne liera pas compagnie avec Hardré. Il lui donne des conseils d'ordre plus délicat : il le met en garde contre les séductions de Belissant, la fille de Charlemagne. Ses craintes n'étaient pas chimériques, car Belissant s'introduit de nuit dans la chambre d'Amile, à son insu. Hardré guettait l'occasion. Il dénonce Amile à Charlemagne comme ayant déshonoré sa fille. Un combat judiciaire est décidé, mais Amile obtient un délai et il en profite pour se rendre auprès d'Ami lui confier son malheur. Il n'ose pas, en effet, affronter lui-même le combat judiciaire ; il craint de commettre un parjure en affirmant sous serment que Belissant n'a pas été de nuit dans sa chambre, et par suite d'être vaincu. Ami le console et décide de prendre sa place. On ne le reconnaîtra pas, et il ne prêtera pas de faux serment. Amile, de son côté, ira le remplacer auprès de sa femme Lubias qui ne le reconnaîtra pas d'avantage. La loyauté de l'un égalera le dévouement de l'autre. Amile mettra une épée nue entre Lubias et lui quand il partagera son lit.

Cependant Ami se rend à la cour de Charlemagne où l'on croit voir revenir Amile. Il combat et vainc Hardré. Charlemagne ravi donne au vainqueur sa fille Belissant dont il a sauvé l'honneur. Mais, cruel embarras! Ami n'est qu'un pseudo-Amile et un pseudo-célibataire. Comment pourra-t-il se marier une seconde fois sans encourir les foudres de l'église, ou prêter le serment de fiançailles sans se rendre parjure. Ami espère s'en tirer par une restriction mentale, jurant dans son for intérieur au nom de son compagnon. Sa subtilité ne lui réussit pas. Un ange lui annonce qu'il n'en a pas moins commis un parjure et qu'il en sera puni. A peine, en effet, a-t-il repris sa place auprès de sa femme qu'il est frappé de la lèpre.

Lubias, épouse indigne, digne sœur de Hardré, l'abandonne, veut être séparée de lui, le relègue dans une cellule où il mourrait de faim si son fils n'allait en cachette lui apporter de la nourriture. Elle finit par le chasser hors de son domaine et l'oblige à errer à l'aventure. La famille naturelle du malheureux lépreux ne le traite pas mieux. Ses frères auxquels il va demander asile le repoussent sans pitié. Mais il arrive à Riviers dont Amile est le seigneur. Si défiguré qu'il soit par la hideuse maladie, si redoutable que soit la contagion, Amile le reconnaît, l'accueille, l'embrasse, l'entoure des soins les plus délicats, les plus tendres.

Il se désespère seulement de ne pouvoir le guérir, car le mal ne cesse d'empirer. Enfin, un nouvel ange apparaît au lépreux ; il lui indique un remède : que son compagnon consente à le baigner dans le sang de ses deux fils, et il sera guéri. — N'est-ce pas un emblème barbare de cette communauté du sang que le compagnonnage devait établir et qui se manifestait dans les rites primitifs par le sang versé et bu ?

Le moyen est si atroce qu'Ami garde le silence. Un jour pourtant que son compagnon le voyant pleurer se déclare prêt à tout lui sacrifier, jusqu'à sa femme et ses enfants :

> « Se riens savoie en cest siecle vivant,
> Qui voz poist faire assouaig ment,
> Se g'en devoie, quanques a moi apant,
> Vendre engaigier ou livrer a torment
> Nes mes douz fiz certez ou Belissant,
> Si le feroiie, gel voz di et creant. »
>
> (v. 2837 suiv.)

il lui laisse entrevoir qu'il y aurait un remède, tout en se refusant à le faire connaître. Amile le *conjure* par la foi qu'il lui doit de le lui révéler et Ami enfin s'y décide.

L'épreuve est terrible. Amile s'y soumet jusqu'au bout. Heureusement qu'un miracle rend à la vie les deux fils qu'il a sacrifiés pour sauver son compagnon.

Ami guéri rentre dans son domaine et pardonne à sa femme, puis les deux compagnons vont en pèlerinage à Jérusalem et, au

retour, meurent ensemble à Mortain. La chanson d'Ogier nous
les montre succombant d'un même coup, d'un coup de l'implacable Ogier. On enterre leurs corps à un arpent de distance : ils
se rejoignent miraculeusement [1].

Voilà le compagnonnage idéal dans toute son énergie et toute sa
pureté. Les compagnons ne font qu'un corps et une âme. Ce type
parfait, la fiction poétique l'a animé et personnifié : elle ne l'a
pas créé.

La réalité, sans doute, était souvent loin de l'idéal. Elle s'en éloigna de plus en plus à mesure que la féodalité proprement dite prit
le dessus par la formation des grandes seigneuries et l'enchevêtrement des petites, à mesure aussi que la chevalerie s'en détacha
comme une institution distincte. Le compagnonnage ne survécut
guère que comme un moyen offert à des chevaliers d'associer
leur fortune et de se soutenir mutuellement. Il devint la fraternité d'armes. Mais, fait bien digne d'attention, bien propre à
montrer toute la vitalité qu'il recelait dans son sein, même alors,
il retint les traits caractéristiques des âges primitifs. Lisez, au
xive siècle, le pacte de fraternité conclu entre deux vaillants
hommes de guerre, qui furent l'un et l'autre connétables de
France, entre Duguesclin et Olivier Clisson [2], et vous entendrez
l'écho à peine affaibli de ce compagnonnage, aux origines si
anciennes, aux manifestations si multiples, dont j'ai demandé à
nos chansons de geste la vivante et fidèle image.

1. *Chevalerie Ogier*, v. 5943 suiv.
2. « Sçavoir faisons que pour nourrir bonne paix et amour *perpétuellement
entre nous et nos hoirs*, ...voulons estre alliez et nous allons *à tousjours* à vous...
contre tous ceulx qui pevent vivre et mourir, exceptez le roi de France, etc.
...et vous promettons aidier et conforter de tout nostre povoir... Item voulons
et consentons que de tous et quelconques proufitz et droitz qui nous pourront
venir et echoir dore en avant... vous aiez la moitié entièrement ...Item garderons vostre corps à nostre pooir, comme nostre *frère*... Toutes lesquelles
choses... jurons sur les saintz Evangiles de Dieu corporellement touchiez par
nous et chacun de nous, et par les foys et sermens de nos corps bailliez l'un à
l'autre... » (Voyez le texte entier dans Ducange, XXIe Dissertat. sur Joinville.)

9 782013 548922